# 英雄 運命の詩　　作詞・作曲：ryo (supercell)　　© ryo (supercell)

それは愚かなる名
だが時は求む
不屈の英雄

その物語を

Lead us Lord of light「我らを導き照らせ」

小さく奏でた
愛は狭間を彷徨う
届かない
運命があざ笑う
隔てる世界を
埋めてあなたに会いたい
身を焦がすその愛が
分かつまで

人は叫んだ　正義を
その旗を高く掲げ
先人の上に立て

闇を払い進め
この身失うとも
恐怖よ　平伏せ
私が覇者となる
生あらば進め
眼前の勝利を
暁旅立て
夜明けはもうすぐ

This is our fate「これは悲しき運命」

育み与える
愛の花咲き知った
残された時はもう
僅かと

悲しい世界に
願いを一つ祈る
愛してる
さよならのセレナーデ

人は選んだ　狂騒を
その旗を高く掲げ
他者の上に立て

闇を払い進め
多くを失うとも
自由をこの手に
時代の覇者となる
鉄槌を下せ
妨げるものよ
この空燃やして
二度と帰りはしない

This is our fate

鳴り響く笛　忘れなの花よ
こんなにも美しく咲き誇る

"To give up who you are
and live without your faith
is more regrettable than dying,
than dying so young."

人は語るだろう　信念を
その旗を高く掲げ
自ら奮い立て

闇を払い進め
命運尽きるとも
誰より気高く
この名は汚さない
生あらば進め
眼前の勝利を
暁旅立て
夜明けはもうすぐ

英雄に詩を
多くを失うとも
自由をこの手に
時代の覇者となる
残花枯れ落ちた
物語となり
暁旅立つ
あなたと共になる

This is our fate

Vo.&Cho.
Cho.
Strings
Key.1
Key.2
Key.3
E.B.
Perc.
Drs.
F♯m E/G♯ C♯/E♯ F♯m/A D A/C♯ G♯m7(♭5) C♯
い あ ら ー ば す ー す め が ん ー ぜ ん ー の しょう ー り を あ か
っ つ い ー を く ー だ せ さ ま ー た げ ー る も ー の よ こ の
2×
4
F♯/A♯ F♯m/B C♯/G♯ F♯m/A N.C. C♯sus4 C♯/E♯
to 𝄌 2
ー つ き た び ー だ て よ あ ー け は ー も う ー す ぐ ー
ー そ ら も や ー し て に ど ー と かえ ー し は ー し な ーい
(Scat)
1× tacet

14

## ギターコード・ホルダー

大好評発売中!

ギター コード表を掲載した便利なクリヤーホルダーです。

ギタリストはもちろん、音楽好きな方には是非持っていただきたい！
ギターコード表をデザインしたポップなカラー・ホルダーです。
コードブック同様、実際のギター演奏でも十分に役立ちます。
プレゼントにも最適です！

全6色　A4判

ホワイト
ピンク
ブルー　　　メーカー希望小売価格
グリーン　　　1 枚（本体200円＋税）
イエロー
クリア

色は弊社ホームページからご確認ください。

http://www.fairysite.com

## WORLD PERCUSSIONS HOLDER
ワールド・パーカッション・ホルダー

世界中の打楽器がプリントされたオシャレなクリアーホルダー

### 商品説明

大好評のフェアリーの音楽クリヤーホルダーシリーズ第3弾!! 様々なシーンで活躍するA4クリアファイルに、世界中の打楽器をプリントした斬新なデザイン。さらにスマホでQRコードを読み取って連動サイトへアクセスすれば、掲載されている打楽器の音色が聴ける！パーカッションに興味がある方はもちろん、持っているだけでもオシャレなアイテムでプレゼントにも最適な一枚です！

株式会社フェアリー　http://www.fairysite.com

メーカー希望小売価格　1 枚（本体200円＋税）

## バンドスコアピース

| No. | タイトル / アーティスト | | No. | タイトル / アーティスト | | No. | タイトル / アーティスト |
|---|---|---|---|---|---|---|---|
| 241 | 君ノ瞳ニ恋シテル c/w 17 椎名林檎 | | 1747 | ワタリドリ [Alexandros] | | 1918 | 遺伝 斉藤和義 |
| 283 | 夏祭り whiteberry | | 1748 | なんでもねだり KANA-BOON | | 1919 | 嘘の火花 96 猫 |
| 332 | 天体観測 BUMP OF CHICKEN | | 1766 | 糸 アルバム「沿志奏逢」より | | 1920 | 見たこともない景色 菅田将暉 |
| 410 | アルエ BUMP OF CHICKEN | | 1788 | 新宝島 サカナクション | | 1921 | ようこそジャパリパークへ どうぶつビスケッツ × PPP |
| 487 | 大切なもの ロードオブメジャー | | 1794 | 海の声 BEGIN | | 1922 | ぼくのフレンド みゆはん |
| 602 | READY STEADY GO ラルク・アン・シエル | | 1797 | 狂乱 Hey Kids!! THE ORAL CIGARETTES | | 1923 | Taking Off ONE OK ROCK |
| 639 | リライト ASIAN KUNG-FU GENERATION | | 1799 | クリスマスソング back number | | 1924 | We are ONE OK ROCK |
| 644 | 群青日和 東京事変 | | 1802 | はなまるぴっぴはよいこだけ A 応 P | | 1925 | 荒野を歩け ASIAN KUNG-FU GENERATION |
| 675 | 3月9日 レミオロメン | | 1807 | Speaking Mrs. GREEN APPLE | | 1926 | 棒人間 RADWIMPS |
| 693 | Missing ELLEGARDEN | | 1808 | StaRt Mrs. GREEN APPLE | | 1927 | 平行線 さユり |
| 711 | GLAMOROUS SKY NANA starring MIKA NAKASHIMA | | 1811 | SUN 星野源 | | 1928 | エイリアンズ キリンジ |
| 725 | 粉雪 レミオロメン | | 1815 | 365 日の紙飛行機 AKB48 | | 1929 | Buzz Off! [Alexandros] |
| 729 | カルマ BUMP OF CHICKEN | | 1817 | TRACE WANIMA | | 1930 | サイハテアイニ RADWIMPS |
| 884 | 残酷な天使のテーゼ 高橋洋子 | | 1818 | 1106 WANIMA | | 1931 | 渡月橋 ～君 思ふ～ 倉木麻衣 |
| 896 | God knows... 涼宮ハルヒ (C.V. 平野綾) | | 1826 | Crazy Crazy 星野源 | | 1932 | リボン BUMP OF CHICKEN |
| 902 | 愛をこめて花束を Superfly | | 1831 | Road of Resistance BABYMETAL | | 1933 | BLACK SHOUT Roselia |
| 909 | 曇天 DOES | | 1839 | THANX WANIMA | | 1934 | ララバイ WANIMA |
| 974 | おしゃかしゃま RADWIMPS | | 1844 | あわだまフィーバー BABYMETAL | | 1935 | CHARM WANIMA |
| 979 | Don't say"lazy" 桜高軽音部 | | 1845 | THE ONE BABYMETAL | | 1936 | ヒトリゴト Claris |
| 1003 | 君の知らない物語 supercell | | 1848 | 拝啓、いつかの君へ 感覚ピエロ | | 1937 | CQCQ 神様、僕は気づいてしまった |
| 1009 | チェリー スピッツ | | 1857 | 小さな恋のうた MONGOL800 | | 1938 | イト クリープハイプ |
| 1024 | メルト supercell feat. 初音ミク | | 1860 | あなたに MONGOL800 | | 1939 | LOUDER Roselia |
| 1053 | 瞬間センチメンタル SCANDAL | | 1866 | 前前前世 (movie ver.) RADWIMPS | | 1940 | ピースサイン 米津玄師 |
| 1060 | ソラニン ASIAN KUNG-FU GENERATION | | 1868 | ともに WANIMA | | 1941 | SPEED STAR GARNiDELiA |
| 1062 | 完全感覚 Dreamer ONE OK ROCK | | 1872 | なんでもないや (movie ver.) RADWIMPS | | 1942 | Blow out 鈴木このみ |
| 1073 | ありがとう いきものがかり | | 1873 | スパークル (movie ver.) RADWIMPS | | 1943 | gravityWall SawanoHiroyuki[nZk]:Tielle&Gemie |
| 1358 | The Beginning ONE OK ROCK | | 1874 | 夢灯籠 RADWIMPS | | 1944 | ヘビーメロウ スピッツ |
| 1361 | 千本桜 黒うさ P feat. 初音ミク | | 1877 | My Hair is Bad | | 1945 | バトンロード KANA-BOON |
| 1445 | starrrrrrr feat. GEROCK [Champagne] | | 1883 | 真赤 My Hair is Bad | | 1946 | RAIN SEKAI NO OWARI |
| 1487 | ないものねだり KANA-BOON | | 1885 | 砂の塔 THE YELLOW MONKEY | | 1947 | DECIDED UVERworld |
| 1544 | 恋するフォーチュンクッキー AKB48 | | 1887 | 恋 星野源 | | 1948 | Re:birth day Roselia |
| 1553 | 明日も MUSH&Co. | | 1888 | わかってんだよ キュウソネコカミ | | 1949 | Forevermore 宇多田ヒカル |
| 1574 | ルパン三世のテーマ ピート・マック・ジュニア | | 1893 | Lovers sumika | | 1950 | アンサー BUMP OF CHICKEN |
| 1621 | メギツネ BABYMETAL | | 1897 | STAY TUNE Suchmos | | 1951 | 虹 高橋優 |
| 1636 | 君と夏フェス SHISHAMO | | 1899 | Always coming back ONE OK ROCK | | 1952 | 若い広場 桑田佳祐 |
| 1647 | イジメ、ダメ、ゼッタイ BABYMETAL | | 1899 | GO BUMP OF CHICKEN | | 1953 | だってアタシのヒーロー。 LiSA |
| 1649 | ひまわりの約束 秦基博 | | 1901 | ヒカリノアトリエ Mr.Children | | 1954 | トナリアウ THE ORAL CIGARETTES |
| 1654 | ギミチョコ!! BABYMETAL | | 1902 | LOSER 米津玄師 | | 1955 | Family Song 星野源 |
| 1657 | 世界は恋に落ちている CHiCO with HoneyWorks | | 1903 | SNOW SOUND [Alexandros] | | 1957 | 10% roll, 10% romance UNISON SQUARE GARDEN |
| 1659 | 紅月 -アカツキ- BABYMETAL | | 1906 | アイオクリ (movie ver.) The STROBOSCORP | | 1958 | DAOKO × 米津玄師 |
| 1684 | 光るなら Goose house | | 1909 | 一滴の影響 UVERworld | | 1959 | 打上花火 |
| 1688 | シルエット KANA-BOON | | 1910 | 明日も SHISHAMO | | 1960 | 百火撩乱 Kalafina |
| 1707 | MONSTER DANCE KEYTALK | | 1911 | おとなの掟 Doughnuts Hole | | 1961 | リフレイン ラックライフ |
| 1718 | 海色 AKINO from bless4 | | 1912 | バンデミックサドンデス UNISON SQUARE GARDEN | | 1962 | WanteD! WanteD! Mrs. GREEN APPLE |
| 1722 | swim 04 Limited Sazabys | | 1913 | やってみよう WANIMA | | 1961 | 空に歌えば amazarashi |
| 1737 | 金曜日のおはよう HoneyWorks | | 1914 | JINGO JUNGLE MYTH & ROID | | 1962 | 運命 My Hair is Baby |
| 1740 | 私以外私じゃないの ゲスの極み乙女。 | | 1914 | Catch the Moment LiSA | | 1963 | ヤバみ ヤバイTシャツ屋さん |
| 1742 | Hello, world! BUMP OF CHICKEN | | 1916 | orion 米津玄師 | | 1964 | himawari Mr.Children |
| 1746 | シュガーソングとビターステップ UNISON SQUARE GARDEN | | 1916 | Fighter KANA-BOON | | 1965 | 英雄 運命の詩 EGOIST |
| | | | 1917 | Los! Los! Los! ターニャ・デグレチャフ (CV: 悠木碧) | | 1966 | ハッピーウェディング前ソング ヤバイTシャツ屋さん |

●掲載されていないタイトルもございます。お問い合わせください。

---

### オンデマンド（受注生産）楽譜＜TYPE LE＞のお知らせ

フェアリーのピース楽譜は品切れ・再版未定となっている楽曲のほか、
＜TYPE LE＞リスト（＊下記参照）に掲載されている楽曲を受注生産にて販売しております。
ご希望の場合は弊社商品取扱店よりご注文ください。

※ご注意　　従来の商品とは装丁が異なります。又、価格・収録曲数も異なる場合があります。
　　　　　　著作権上、受注生産不可能な楽曲もございますのでご了承ください。
　　　　　　（＜TYPE LE＞リストに掲載されている楽曲であれば出版可能です。）

＊＜TYPE LE＞リストは弊社商品取扱店のほか、弊社ホームページでもご覧いただけます。
http://www.fairysite.com/

---

**初期費用・月額会費無料！**
**1冊売れると120円以上が受け取れる！**

「投稿楽譜」とは、プリントオンデマンド技術を利用して、貴方がアレンジした楽譜を当社の楽譜商品と同様、全国の楽器店や書店にて販売できる会員システムです。受注・生産・著作利用申請・納品・集金・広報を全て当社にて一括して行いますので、気軽に始めることができます！詳しくはWEBサイトへ！

⇐投稿楽譜エントリーフォーム

http://www.fairysite.com

## 至高の歌を奏でる プロフェッショナル・ヴォーカリストのために

Mcare 音楽生活を応援する健康ブランドです。

美しい声を大切にしたい。ベストコンディションで歌いたい。そんな想いをサポートします。

こんな方にオススメです
- ☑ 声を使うお仕事をされている
- ☑ エアコンの乾燥が気になる
- ☑ 声を発する機会が多い
- ☑ 寒い季節に声が心配

プロポリス、高麗人参、カリン、キンカン、生姜を配合ハチミツの力をさらにパワーアップ！ヴォーカリストをはじめアナウンサーや声優など、声を大切にされる方に是非お勧めしたい逸品です。

湯、紅茶、ハーブティ等に溶いてお召し上がりください♪

いつでもどこでも演奏のお供に！ぜひお試しください。

1箱400g(20g×20包)　1箱▶ **3,800円**（税抜）　サンプルもご用意しています　2包入り 500円（送料込み、税別）

商品のご注文お問い合わせはインターネット、電話またはファックスにて受け付けています。

**TEL.03-5830-7153**
**FAX 03-5830-7152**
http://www.fairysite.com/mcare

電話受付時間：平日10:00～18:00
（夏季冬期休暇及び臨時休暇を除く）

株式会社フェアリー　エムケア事業部　｜　〒110-0004 東京都台東区下谷1-4-5　｜　TEL.03-5830-7153 / FAX.03-5830-7152

---

Mcare 音楽生活を応援する健康ブランドです。

テーマモール・ウォーミングアップ・ジェル
### Thema=moll WARMING UP GEL

こんな方にオススメします。
- 手先が冷える
- 手首や指の腱鞘炎が心配
- 手首や指の腱鞘炎に悩んでいる
- 弾き始めの不安感を和らげたい
- 生徒さんの故障を予防したい
- ヌメリやベタつきが気にならないハンドクリームがほしい

【原産国】MADE IN JAPAN　【販売価格】2,300円（税抜）

出先での演奏にも便利なポケット・サイズ。ぜひお試しください。

### いきなり弾きはじめていませんか？
腱鞘炎などの故障から手を守るには演奏前のウォーミングアップが重要です。

**演奏 = 運動（スポーツ）** という発想から生まれた演奏家のための新たな必須アイテム

商品のご注文お問い合わせはインターネット、電話またはファックスにて受け付けています。

**TEL.03-5830-7153**
**FAX 03-5830-7152**
http://www.fairysite.com/mcare

電話受付時間：平日10:00～18:00
（夏季冬期休暇及び臨時休暇を除く）

株式会社フェアリー　エムケア事業部　｜　〒110-0004 東京都台東区下谷1-4-5　｜　TEL.03-5830-7153 / FAX.03-5830-7152

---

● BAND SCORE PIECE No.1965　〈 BAND SCORE 〉

## 英雄 運命の詩　　作詞・作曲：ryo (supercell)

2017年10月23日初版発行　　定価（本体750円＋税）

発行人　久保 貴靖　　　　　　　　　採譜・浄書　青木 紀
編集人　水野 陽一郎・福田 沙祐
発行所　株式会社フェアリー
〒110-0004 東京都台東区下谷1-4-5 ルーナ・ファースト 4F
TEL 03-5830-7151　　FAX 03-5830-7152
ホームページ URL http://www.fairysite.com/
© 2017 by FAIRY INC.　　printed in Japan

● 本誌の楽譜・歌詞及び記事の無断複製は固くお断り致します。
● 造本には十分注意をしておりますが、万一落丁・乱丁等の不良品がありましたらお取り替え致します。

**通信販売のお知らせ**
当社の出版物は全国の有名楽器店・書店でお求めになれますが、お店での入手が困難な場合は以下の手順でお申し込みいただければ直接当社からお送り致します。
1. 電話（03-5830-7151）またはFAX（03-5830-7152）でご希望の商品の在庫を確認し、ご予約下さい。ホームページURL http://www.fairysite.com からもご予約可能です。
2. ご希望の商品タイトル・本体価格・ご住所・お名前・お電話番号を明記し、本体価格＋税の合計に発送手数料（配送料を含む）380円を加えた金額を当社までご送金下さい。入金が確認出来しだい商品を発送致します。

【送金方法】
(1) 巣鴨信用金庫・白山支店・普通 3000196 株式会社フェアリーへのお振り込み
(2) 郵便振替・口座番号 00120-2-726692 株式会社フェアリーへのお振り込み

JASRAC 出 1712585-701